COOKING TIME

* HOMEMADE IS HAPPINESS *

This Recipe Book Belongs to...

_____

_____

_____

COOKING
TIME

BEST · COOK

· HOMEMADE IS HAPPINESS ·

Contents

1.	
2.	
3.	
4.	
5.	
6.	
7.	
8.	
9.	
10.	
11.	
12.	
13.	
14.	
15.	
16.	
17.	
18.	
19.	
20.	
21.	
22.	
23.	
24.	
25.	

Contents

Contents

51.	
52.	
53.	
54.	
55.	
56.	
57.	
58.	
59.	
60.	
61.	
62.	
63.	
64.	
65.	
66.	
67.	
68.	
69.	
70.	
71.	
72.	
73.	
74.	
75.	

Contents

76.	
77.	
78.	
79.	
80.	
81.	
82.	
83.	
84.	
85.	
86.	
87.	
88.	
89.	
90.	
91.	
92.	
93.	
94.	
95.	
96.	
97.	
98.	
99.	
100.	

Recipe for _____

FROM THE KITCHEN OF

_____

SERVES _____

PREP TIME _____

TOTAL TIME _____

OVEN TEMP _____

INGREDIENTS

_____

_____

_____

_____

_____

_____

DIRECTIONS

_____

_____

_____

_____

_____

_____

_____

_____

_____

_____

Recipe for _____

FROM THE KITCHEN OF

_____

SERVES _____

PREP TIME _____

TOTAL TIME _____

OVEN TEMP _____

INGREDIENTS

_____

_____

_____

_____

_____

_____

DIRECTIONS

_____

_____

_____

_____

_____

_____

_____

_____

_____

Recipe for _____

NAME OF DISH

FROM THE KITCHEN OF

_____

SERVES _____

PREP TIME _____

TOTAL TIME _____

OVEN TEMP _____

INGREDIENTS

_____

_____

_____

_____

_____

_____

DIRECTIONS

_____

_____

_____

_____

_____

_____

_____

_____

_____

Recipe for _____

FROM THE KITCHEN OF

_____

SERVES _____

PREP TIME _____

TOTAL TIME _____

OVEN TEMP _____

INGREDIENTS

_____

_____

_____

_____

_____

_____

DIRECTIONS

_____

_____

_____

_____

_____

_____

_____

_____

_____

Recipe for _____

FROM THE KITCHEN OF

_____

SERVES _____

PREP TIME _____

TOTAL TIME _____

OVEN TEMP _____

INGREDIENTS

_____

_____

_____

_____

_____

_____

DIRECTIONS

_____

_____

_____

_____

_____

_____

_____

_____

_____

Recipe for _____

FROM THE KITCHEN OF

INGREDIENTS

_____

SERVES _____

PREP TIME _____

TOTAL TIME _____

OVEN TEMP _____

DIRECTIONS

_____

_____

_____

_____

_____

_____

_____

_____

_____

_____

_____

_____

Recipe for

_____

FROM THE KITCHEN OF

_____

SERVES _____

PREP TIME _____

TOTAL TIME _____

OVEN TEMP _____

INGREDIENTS

_____

_____

_____

_____

_____

DIRECTIONS

_____

_____

_____

_____

_____

_____

_____

_____

_____

Recipe for

_____

FROM THE KITCHEN OF

INGREDIENTS

_____

SERVES _____

PREP TIME _____

TOTAL TIME _____

OVEN TEMP _____

DIRECTIONS

_____

_____

_____

_____

_____

_____

_____

_____

_____

Recipe for _____

FROM THE KITCHEN OF

_____

SERVES _____

PREP TIME _____

TOTAL TIME _____

OVEN TEMP _____

INGREDIENTS

_____

_____

_____

_____

_____

_____

DIRECTIONS

_____

_____

_____

_____

_____

_____

_____

_____

_____

Recipe for _____

FROM THE KITCHEN OF

_____

SERVES _____

PREP TIME _____

TOTAL TIME _____

OVEN TEMP _____

INGREDIENTS

_____

_____

_____

_____

_____

_____

DIRECTIONS

_____

_____

_____

_____

_____

_____

_____

_____

_____

Recipe for _____

FROM THE KITCHEN OF

_____

SERVES _____

PREP TIME _____

TOTAL TIME _____

OVEN TEMP _____

INGREDIENTS

_____

_____

_____

_____

_____

_____

DIRECTIONS

_____

_____

_____

_____

_____

_____

_____

_____

_____

Recipe for

FROM THE KITCHEN OF

INGREDIENTS

_____

SERVES _____

PREP TIME _____

TOTAL TIME _____

OVEN TEMP _____

DIRECTIONS

Recipe for _____

FROM THE KITCHEN OF

_____

SERVES _____

PREP TIME _____

TOTAL TIME _____

OVEN TEMP _____

INGREDIENTS

_____

_____

_____

_____

_____

_____

DIRECTIONS

_____

_____

_____

_____

_____

_____

_____

_____

_____

_____

Recipe for _____

FROM THE KITCHEN OF

_____

SERVES _____

PREP TIME _____

TOTAL TIME _____

OVEN TEMP _____

INGREDIENTS

_____

_____

_____

_____

_____

_____

DIRECTIONS

_____

_____

_____

_____

_____

_____

_____

_____

_____

_____

Recipe for _____

FROM THE KITCHEN OF

_____

SERVES _____

PREP TIME _____

TOTAL TIME _____

OVEN TEMP _____

INGREDIENTS

_____

_____

_____

_____

_____

_____

DIRECTIONS

_____

_____

_____

_____

_____

_____

_____

_____

Recipe for

_____

FROM THE KITCHEN OF

_____

SERVES _____

PREP TIME _____

TOTAL TIME _____

OVEN TEMP _____

INGREDIENTS

_____

_____

_____

_____

_____

DIRECTIONS

_____

_____

_____

_____

_____

_____

_____

_____

_____

_____

_____

Recipe for

FROM THE KITCHEN OF

_____

SERVES _____

PREP TIME _____

TOTAL TIME _____

OVEN TEMP _____

INGREDIENTS

_____

_____

_____

_____

_____

DIRECTIONS

_____

_____

_____

_____

_____

_____

_____

_____

_____

Recipe for _____

FROM THE KITCHEN OF

INGREDIENTS

_____

SERVES _____

PREP TIME _____

TOTAL TIME _____

OVEN TEMP _____

DIRECTIONS

_____

_____

_____

_____

_____

_____

_____

_____

_____

_____

Recipe for

_____

FROM THE KITCHEN OF

INGREDIENTS

_____

SERVES _____

_____

PREP TIME _____

_____

TOTAL TIME _____

_____

OVEN TEMP _____

_____

DIRECTIONS

_____

_____

_____

_____

_____

_____

_____

_____

_____

Recipe for _____

FROM THE KITCHEN OF

INGREDIENTS

_____

SERVES _____

PREP TIME _____

TOTAL TIME _____

OVEN TEMP _____

DIRECTIONS

_____

_____

_____

_____

_____

_____

_____

_____

_____

_____

Recipe for _____

FROM THE KITCHEN OF

_____

SERVES _____

PREP TIME _____

TOTAL TIME _____

OVEN TEMP _____

INGREDIENTS

_____

_____

_____

_____

_____

_____

DIRECTIONS

_____

_____

_____

_____

_____

_____

_____

_____

_____

Recipe for

_____

FROM THE KITCHEN OF

_____

SERVES _____

PREP TIME _____

TOTAL TIME _____

OVEN TEMP _____

INGREDIENTS

_____

_____

_____

_____

_____

_____

DIRECTIONS

_____

_____

_____

_____

_____

_____

_____

_____

_____

Recipe for _____

FROM THE KITCHEN OF

INGREDIENTS

_____

SERVES _____

PREP TIME _____

TOTAL TIME _____

OVEN TEMP _____

DIRECTIONS

Recipe for

FROM THE KITCHEN OF

SERVES

PREP TIME

TOTAL TIME

OVEN TEMP

INGREDIENTS

DIRECTIONS

Recipe for _____

FROM THE KITCHEN OF

_____

SERVES _____

PREP TIME _____

TOTAL TIME _____

OVEN TEMP _____

INGREDIENTS

_____

_____

_____

_____

_____

_____

DIRECTIONS

_____

_____

_____

_____

_____

_____

_____

_____

_____

Recipe for _____

FROM THE KITCHEN OF

_____

SERVES _____

PREP TIME _____

TOTAL TIME _____

OVEN TEMP _____

INGREDIENTS

_____

_____

_____

_____

_____

_____

DIRECTIONS

_____

_____

_____

_____

_____

_____

_____

_____

_____

Recipe for

FROM THE KITCHEN OF

SERVES

PREP TIME

TOTAL TIME

OVEN TEMP

INGREDIENTS

DIRECTIONS

Recipe for _____

FROM THE KITCHEN OF

_____

SERVES _____

PREP TIME _____

TOTAL TIME _____

OVEN TEMP _____

INGREDIENTS

_____

_____

_____

_____

_____

_____

DIRECTIONS

_____

_____

_____

_____

_____

_____

_____

_____

_____

_____

Recipe for _____

FROM THE KITCHEN OF

_____

SERVES _____

PREP TIME _____

TOTAL TIME _____

OVEN TEMP _____

INGREDIENTS

_____

_____

_____

_____

_____

_____

DIRECTIONS

_____

_____

_____

_____

_____

_____

_____

_____

_____

Recipe for _____

FROM THE KITCHEN OF

INGREDIENTS

_____

SERVES _____

PREP TIME _____

TOTAL TIME _____

OVEN TEMP _____

DIRECTIONS

Recipe for

_____

FROM THE KITCHEN OF

_____

SERVES _____

PREP TIME _____

TOTAL TIME _____

OVEN TEMP _____

INGREDIENTS

_____

_____

_____

_____

_____

_____

DIRECTIONS

_____

_____

_____

_____

_____

_____

_____

_____

_____

Recipe for _____

FROM THE KITCHEN OF

_____

SERVES _____

PREP TIME _____

TOTAL TIME _____

OVEN TEMP _____

INGREDIENTS

_____

_____

_____

_____

_____

_____

DIRECTIONS

_____

_____

_____

_____

_____

_____

_____

_____

_____

Recipe for _____

FROM THE KITCHEN OF

_____

SERVES _____

PREP TIME _____

TOTAL TIME _____

OVEN TEMP _____

INGREDIENTS

_____

_____

_____

_____

_____

_____

DIRECTIONS

_____

_____

_____

_____

_____

_____

_____

_____

_____

Recipe for _____

FROM THE KITCHEN OF

_____

SERVES _____

PREP TIME _____

TOTAL TIME _____

OVEN TEMP _____

INGREDIENTS

_____

_____

_____

_____

_____

_____

DIRECTIONS

_____

_____

_____

_____

_____

_____

_____

_____

_____

_____

Recipe for _____
NAME OF DISH

FROM THE KITCHEN OF

_____

SERVES _____

PREP TIME _____

TOTAL TIME _____

OVEN TEMP _____

INGREDIENTS

_____

_____

_____

_____

_____

_____

DIRECTIONS

_____

_____

_____

_____

_____

_____

_____

_____

_____

Recipe for _____

FROM THE KITCHEN OF

_____

SERVES _____

PREP TIME _____

TOTAL TIME _____

OVEN TEMP _____

INGREDIENTS

_____

_____

_____

_____

_____

_____

DIRECTIONS

_____

_____

_____

_____

_____

_____

_____

_____

_____

_____

Recipe for _____

FROM THE KITCHEN OF

_____

SERVES _____

PREP TIME _____

TOTAL TIME _____

OVEN TEMP _____

INGREDIENTS

_____

_____

_____

_____

_____

_____

DIRECTIONS

_____

_____

_____

_____

_____

_____

_____

_____

_____

Recipe for _____

FROM THE KITCHEN OF

_____

SERVES _____

PREP TIME _____

TOTAL TIME _____

OVEN TEMP _____

INGREDIENTS

_____

_____

_____

_____

_____

_____

DIRECTIONS

_____

_____

_____

_____

_____

_____

_____

_____

_____

Recipe for

_____

FROM THE KITCHEN OF

_____

SERVES _____

PREP TIME _____

TOTAL TIME _____

OVEN TEMP _____

INGREDIENTS

_____

_____

_____

_____

_____

_____

DIRECTIONS

_____

_____

_____

_____

_____

_____

_____

_____

_____

Recipe for _____

FROM THE KITCHEN OF

_____

SERVES _____

PREP TIME _____

TOTAL TIME _____

OVEN TEMP _____

INGREDIENTS

_____

_____

_____

_____

_____

_____

DIRECTIONS

_____

_____

_____

_____

_____

_____

_____

_____

_____

_____

Recipe for _____

FROM THE KITCHEN OF

_____

SERVES _____

PREP TIME _____

TOTAL TIME _____

OVEN TEMP _____

INGREDIENTS

_____

_____

_____

_____

_____

_____

DIRECTIONS

_____

_____

_____

_____

_____

_____

_____

_____

_____

Recipe for

_____
NAME OF DISH

FROM THE KITCHEN OF

_____

SERVES _____

PREP TIME _____

TOTAL TIME _____

OVEN TEMP _____

INGREDIENTS

_____

_____

_____

_____

_____

_____

DIRECTIONS

_____

_____

_____

_____

_____

_____

_____

_____

_____

_____

Recipe for

_____

NAME OF DISH

FROM THE KITCHEN OF

INGREDIENTS

_____

SERVES _____

PREP TIME _____

TOTAL TIME _____

OVEN TEMP _____

_____

_____

_____

_____

_____

DIRECTIONS

_____

_____

_____

_____

_____

_____

_____

_____

_____

Recipe for _____

FROM THE KITCHEN OF

_____

SERVES _____

PREP TIME _____

TOTAL TIME _____

OVEN TEMP _____

INGREDIENTS

_____

_____

_____

_____

_____

_____

DIRECTIONS

_____

_____

_____

_____

_____

_____

_____

_____

_____

_____

Recipe for

_____

FROM THE KITCHEN OF

_____

SERVES _____

PREP TIME _____

TOTAL TIME _____

OVEN TEMP _____

INGREDIENTS

_____

_____

_____

_____

_____

_____

DIRECTIONS

_____

_____

_____

_____

_____

_____

_____

_____

_____

Recipe for

_____

FROM THE KITCHEN OF

INGREDIENTS

_____

SERVES _____

PREP TIME _____

TOTAL TIME _____

OVEN TEMP _____

DIRECTIONS

_____

_____

_____

_____

_____

_____

_____

_____

_____

_____

Recipe for _____

FROM THE KITCHEN OF

_____

SERVES _____

PREP TIME _____

TOTAL TIME _____

OVEN TEMP _____

INGREDIENTS

_____

_____

_____

_____

_____

_____

DIRECTIONS

_____

_____

_____

_____

_____

_____

_____

_____

Recipe for

_____
NAME OF DISH

FROM THE KITCHEN OF

_____

SERVES _____

PREP TIME _____

TOTAL TIME _____

OVEN TEMP _____

INGREDIENTS

_____

_____

_____

_____

_____

_____

DIRECTIONS

_____

_____

_____

_____

_____

_____

_____

_____

_____

_____

Recipe for

_____

FROM THE KITCHEN OF

_____

SERVES _____

PREP TIME _____

TOTAL TIME _____

OVEN TEMP _____

INGREDIENTS

_____

_____

_____

_____

_____

_____

_____

DIRECTIONS

_____

_____

_____

_____

_____

_____

_____

_____

_____

Recipe for _____

FROM THE KITCHEN OF

_____

SERVES _____

PREP TIME _____

TOTAL TIME _____

OVEN TEMP _____

INGREDIENTS

_____

_____

_____

_____

_____

_____

DIRECTIONS

_____

_____

_____

_____

_____

_____

_____

_____

_____

_____

Recipe for _____

FROM THE KITCHEN OF

_____

SERVES _____

PREP TIME _____

TOTAL TIME _____

OVEN TEMP _____

INGREDIENTS

_____

_____

_____

_____

_____

_____

_____

DIRECTIONS

_____

_____

_____

_____

_____

_____

_____

_____

_____

Recipe for

_____

FROM THE KITCHEN OF

_____

SERVES _____

PREP TIME _____

TOTAL TIME _____

OVEN TEMP _____

INGREDIENTS

_____

_____

_____

_____

_____

_____

DIRECTIONS

_____

_____

_____

_____

_____

_____

_____

_____

_____

_____

Recipe for

_____
NAME OF DISH

FROM THE KITCHEN OF

_____

SERVES _____

PREP TIME _____

TOTAL TIME _____

OVEN TEMP _____

INGREDIENTS

_____

_____

_____

_____

_____

_____

DIRECTIONS

_____

_____

_____

_____

_____

_____

_____

_____

_____

Recipe for

_____

FROM THE KITCHEN OF

_____

SERVES _____

PREP TIME _____

TOTAL TIME _____

OVEN TEMP _____

INGREDIENTS

_____

_____

_____

_____

_____

DIRECTIONS

_____

_____

_____

_____

_____

_____

_____

_____

_____

_____

Recipe for

_____

FROM THE KITCHEN OF

_____

SERVES _____

PREP TIME _____

TOTAL TIME _____

OVEN TEMP _____

INGREDIENTS

_____

_____

_____

_____

_____

_____

DIRECTIONS

_____

_____

_____

_____

_____

_____

_____

_____

_____

Recipe for _____

NAME OF DISH

FROM THE KITCHEN OF

_____

SERVES _____

PREP TIME _____

TOTAL TIME _____

OVEN TEMP _____

INGREDIENTS

_____

_____

_____

_____

_____

_____

DIRECTIONS

_____

_____

_____

_____

_____

_____

_____

_____

_____

_____

Recipe for _____

FROM THE KITCHEN OF

_____

SERVES _____

PREP TIME _____

TOTAL TIME _____

OVEN TEMP _____

INGREDIENTS

_____

_____

_____

_____

_____

_____

DIRECTIONS

_____

_____

_____

_____

_____

_____

_____

_____

Recipe for

_____

FROM THE KITCHEN OF

INGREDIENTS

_____

SERVES _____

PREP TIME _____

TOTAL TIME _____

OVEN TEMP _____

DIRECTIONS

_____

_____

_____

_____

_____

_____

_____

_____

_____

_____

Recipe for _____

FROM THE KITCHEN OF

_____

SERVES _____

PREP TIME _____

TOTAL TIME _____

OVEN TEMP _____

INGREDIENTS

_____

_____

_____

_____

_____

_____

DIRECTIONS

_____

_____

_____

_____

_____

_____

_____

_____

_____

_____

Recipe for

_____

FROM THE KITCHEN OF

_____

SERVES _____

PREP TIME _____

TOTAL TIME _____

OVEN TEMP _____

INGREDIENTS

_____

_____

_____

_____

_____

_____

DIRECTIONS

_____

_____

_____

_____

_____

_____

_____

_____

_____

_____

Recipe for _____

FROM THE KITCHEN OF

_____

SERVES _____

PREP TIME _____

TOTAL TIME _____

OVEN TEMP _____

INGREDIENTS

_____

_____

_____

_____

_____

_____

DIRECTIONS

_____

_____

_____

_____

_____

_____

_____

_____

_____

_____

Recipe for

_____

FROM THE KITCHEN OF

_____

SERVES _____

PREP TIME _____

TOTAL TIME _____

OVEN TEMP _____

INGREDIENTS

_____

_____

_____

_____

_____

_____

DIRECTIONS

_____

_____

_____

_____

_____

_____

_____

_____

_____

Recipe for _____

FROM THE KITCHEN OF

_____

SERVES _____

PREP TIME _____

TOTAL TIME _____

OVEN TEMP _____

INGREDIENTS

_____

_____

_____

_____

_____

_____

DIRECTIONS

_____

_____

_____

_____

_____

_____

_____

_____

_____

_____

Recipe for _____

FROM THE KITCHEN OF

_____

SERVES _____

PREP TIME _____

TOTAL TIME _____

OVEN TEMP _____

INGREDIENTS

_____

_____

_____

_____

_____

_____

_____

DIRECTIONS

_____

_____

_____

_____

_____

_____

_____

_____

_____

Recipe for

_____

FROM THE KITCHEN OF

INGREDIENTS

_____

SERVES _____

PREP TIME _____

TOTAL TIME _____

OVEN TEMP _____

DIRECTIONS

_____

_____

_____

_____

_____

_____

_____

_____

Recipe for _____

FROM THE KITCHEN OF

_____

SERVES _____

PREP TIME _____

TOTAL TIME _____

OVEN TEMP _____

INGREDIENTS

_____

_____

_____

_____

_____

_____

DIRECTIONS

_____

_____

_____

_____

_____

_____

_____

_____

_____

_____

Recipe for

FROM THE KITCHEN OF

SERVES

PREP TIME

TOTAL TIME

OVEN TEMP

INGREDIENTS

DIRECTIONS

Recipe for _____

NAME OF DISH

FROM THE KITCHEN OF

_____

SERVES _____

PREP TIME _____

TOTAL TIME _____

OVEN TEMP _____

INGREDIENTS

_____

_____

_____

_____

_____

_____

DIRECTIONS

_____

_____

_____

_____

_____

_____

_____

_____

_____

Recipe for _____

FROM THE KITCHEN OF

_____

SERVES _____

PREP TIME _____

TOTAL TIME _____

OVEN TEMP _____

INGREDIENTS

_____

_____

_____

_____

_____

_____

DIRECTIONS

_____

_____

_____

_____

_____

_____

_____

_____

_____

_____

Recipe for _____

FROM THE KITCHEN OF

INGREDIENTS

_____

SERVES _____

PREP TIME _____

TOTAL TIME _____

OVEN TEMP _____

DIRECTIONS

_____

_____

_____

_____

_____

_____

_____

_____

_____

_____

Recipe for _____

FROM THE KITCHEN OF

_____

SERVES _____

PREP TIME _____

TOTAL TIME _____

OVEN TEMP _____

INGREDIENTS

_____

_____

_____

_____

_____

_____

DIRECTIONS

_____

_____

_____

_____

_____

_____

_____

_____

_____

Recipe for

FROM THE KITCHEN OF

SERVES

PREP TIME

TOTAL TIME

OVEN TEMP

INGREDIENTS

DIRECTIONS

Recipe for

_____

FROM THE KITCHEN OF

_____

SERVES _____

PREP TIME _____

TOTAL TIME _____

OVEN TEMP _____

INGREDIENTS

_____

_____

_____

_____

_____

_____

DIRECTIONS

_____

_____

_____

_____

_____

_____

_____

_____

_____

_____

Recipe for

FROM THE KITCHEN OF

INGREDIENTS

SERVES

PREP TIME

TOTAL TIME

OVEN TEMP

DIRECTIONS

Recipe for _____

FROM THE KITCHEN OF

_____

SERVES _____

PREP TIME _____

TOTAL TIME _____

OVEN TEMP _____

INGREDIENTS

_____

_____

_____

_____

_____

_____

DIRECTIONS

_____

_____

_____

_____

_____

_____

_____

_____

_____

_____

Recipe for

_____

FROM THE KITCHEN OF

INGREDIENTS

_____

SERVES _____

PREP TIME _____

TOTAL TIME _____

OVEN TEMP _____

DIRECTIONS

_____

_____

_____

_____

_____

_____

_____

_____

_____

Recipe for _____

FROM THE KITCHEN OF

_____

SERVES _____

PREP TIME _____

TOTAL TIME _____

OVEN TEMP _____

INGREDIENTS

_____

_____

_____

_____

_____

_____

DIRECTIONS

_____

_____

_____

_____

_____

_____

_____

_____

_____

_____

Recipe for _____

FROM THE KITCHEN OF

_____

SERVES _____

PREP TIME _____

TOTAL TIME _____

OVEN TEMP _____

INGREDIENTS

_____

_____

_____

_____

_____

_____

DIRECTIONS

_____

_____

_____

_____

_____

_____

_____

_____

_____

_____

Recipe for _____

FROM THE KITCHEN OF

_____

SERVES _____

PREP TIME _____

TOTAL TIME _____

OVEN TEMP _____

INGREDIENTS

_____

_____

_____

_____

_____

DIRECTIONS

_____

_____

_____

_____

_____

_____

_____

_____

_____

_____

Recipe for

_____

FROM THE KITCHEN OF

INGREDIENTS

_____

SERVES _____

PREP TIME _____

TOTAL TIME _____

OVEN TEMP _____

DIRECTIONS

Recipe for _____

NAME OF DISH

FROM THE KITCHEN OF

_____

SERVES _____

PREP TIME _____

TOTAL TIME _____

OVEN TEMP _____

INGREDIENTS

_____

_____

_____

_____

_____

_____

DIRECTIONS

_____

_____

_____

_____

_____

_____

_____

_____

_____

Recipe for _____

FROM THE KITCHEN OF

_____

SERVES _____

PREP TIME _____

TOTAL TIME _____

OVEN TEMP _____

INGREDIENTS

_____

_____

_____

_____

_____

_____

DIRECTIONS

_____

_____

_____

_____

_____

_____

_____

_____

_____

Recipe for _____

FROM THE KITCHEN OF

_____

SERVES _____

PREP TIME _____

TOTAL TIME _____

OVEN TEMP _____

INGREDIENTS

_____

_____

_____

_____

_____

_____

DIRECTIONS

_____

_____

_____

_____

_____

_____

_____

_____

_____

_____

Recipe for

FROM THE KITCHEN OF

INGREDIENTS

SERVES

PREP TIME

TOTAL TIME

OVEN TEMP

DIRECTIONS

Recipe for _____

FROM THE KITCHEN OF

_____

SERVES _____

PREP TIME _____

TOTAL TIME _____

OVEN TEMP _____

INGREDIENTS

_____

_____

_____

_____

_____

DIRECTIONS

_____

_____

_____

_____

_____

_____

_____

_____

_____

Recipe for _____

FROM THE KITCHEN OF

_____

SERVES _____

PREP TIME _____

TOTAL TIME _____

OVEN TEMP _____

INGREDIENTS

_____

_____

_____

_____

_____

DIRECTIONS

_____

_____

_____

_____

_____

_____

_____

_____

_____

_____

Recipe for

_____

FROM THE KITCHEN OF

_____

SERVES _____

PREP TIME _____

TOTAL TIME _____

OVEN TEMP _____

INGREDIENTS

_____

_____

_____

_____

_____

DIRECTIONS

_____

_____

_____

_____

_____

_____

_____

_____

_____

Recipe for

_____

FROM THE KITCHEN OF

_____

SERVES _____

PREP TIME _____

TOTAL TIME _____

OVEN TEMP _____

INGREDIENTS

_____

_____

_____

_____

_____

_____

DIRECTIONS

_____

_____

_____

_____

_____

_____

_____

_____

_____

_____

Recipe for _____

NAME OF DISH

FROM THE KITCHEN OF

_____

SERVES _____

PREP TIME _____

TOTAL TIME _____

OVEN TEMP _____

INGREDIENTS

_____

_____

_____

_____

_____

_____

DIRECTIONS

_____

_____

_____

_____

_____

_____

_____

_____

_____

_____

Recipe for _____

FROM THE KITCHEN OF

INGREDIENTS

_____

SERVES _____

PREP TIME _____

TOTAL TIME _____

OVEN TEMP _____

DIRECTIONS

_____
_____
_____
_____
_____
_____
_____
_____
_____
_____
_____

Recipe for

FROM THE KITCHEN OF

INGREDIENTS

SERVES _____

PREP TIME _____

TOTAL TIME _____

OVEN TEMP _____

DIRECTIONS

Recipe for _____

FROM THE KITCHEN OF

_____

SERVES _____

PREP TIME _____

TOTAL TIME _____

OVEN TEMP _____

INGREDIENTS

_____

_____

_____

_____

_____

_____

DIRECTIONS

_____

_____

_____

_____

_____

_____

_____

_____

_____

_____

Recipe for _____

FROM THE KITCHEN OF

_____

SERVES _____

PREP TIME _____

TOTAL TIME _____

OVEN TEMP _____

INGREDIENTS

_____

_____

_____

_____

_____

_____

DIRECTIONS

_____

_____

_____

_____

_____

_____

_____

_____

_____

Recipe for

_____

FROM THE KITCHEN OF

_____

SERVES _____

PREP TIME _____

TOTAL TIME _____

OVEN TEMP _____

INGREDIENTS

_____

_____

_____

_____

_____

_____

DIRECTIONS

_____

_____

_____

_____

_____

_____

_____

_____

_____

Recipe for _____

FROM THE KITCHEN OF

_____

SERVES _____

PREP TIME _____

TOTAL TIME _____

OVEN TEMP _____

INGREDIENTS

_____

_____

_____

_____

_____

_____

DIRECTIONS

_____

_____

_____

_____

_____

_____

_____

_____

_____

Recipe for _____

FROM THE KITCHEN OF

_____

SERVES _____

PREP TIME _____

TOTAL TIME _____

OVEN TEMP _____

INGREDIENTS

_____

_____

_____

_____

_____

DIRECTIONS

_____

_____

_____

_____

_____

_____

_____

_____

_____

_____

_____

Recipe for

FROM THE KITCHEN OF

INGREDIENTS

SERVES

PREP TIME

TOTAL TIME

OVEN TEMP

DIRECTIONS

Recipe for

_____
NAME OF DISH

FROM THE KITCHEN OF

INGREDIENTS

_____

SERVES _____

PREP TIME _____

TOTAL TIME _____

OVEN TEMP _____

_____

_____

_____

_____

_____

DIRECTIONS

_____

_____

_____

_____

_____

_____

_____

_____

_____

Recipe for _____

FROM THE KITCHEN OF

_____

SERVES _____

PREP TIME _____

TOTAL TIME _____

OVEN TEMP _____

INGREDIENTS

_____

_____

_____

_____

_____

_____

DIRECTIONS

_____

_____

_____

_____

_____

_____

_____

_____

_____

Recipe for _____

FROM THE KITCHEN OF

_____

SERVES _____

PREP TIME _____

TOTAL TIME _____

OVEN TEMP _____

INGREDIENTS

_____

_____

_____

_____

_____

_____

DIRECTIONS

_____

_____

_____

_____

_____

_____

_____

_____

_____

Made in the USA
Las Vegas, NV
14 December 2023

82852480R00059